하여(何如),
슴슴한 디카시에
미치다

시산맥 디카시선 001

시산맥 디카시선 001
하여(何如), 슴슴한 디카시에 미치다

초판 1쇄 발행 | 2022년 08월 30일

지 은 이 | 박여범
펴 낸 이 | 문정영
펴 낸 곳 | 시산맥사
편집위원 | 이송희 전철희 한용국
등록번호 | 제300-2013-12호
등록일자 | 2009년 4월 15일
주   소 | 03131 서울특별시 종로구 율곡로 6길 36.
           월드오피스텔 1102호
전   화 | 02-764-8722, 010-8894-8722
전자우편 | poemmtss@hanmail.net
시산맥카페 | http://cafe.daum.net/poemmtss

ISBN 979-11-6243-306-5 (03810)

값 13,000원

* 이 책은 (재)전라북도문화관광재단 2022년 지역문화예술육성지원사업에 선정되어 발간되었습니다.
* 이 책은 전부 또는 일부 내용을 재사용하려면 반드시 저작권자와 시산맥사의 동의를 받아야 합니다.
* 본문 페이지에서 한 연이 첫 번째 행에서 시작될 때에는 〈 표기를 합니다.
* 저자의 의도에 따라 작품의 보조 동사와 합성 명사는 띄어쓰기가 달라질 수 있습니다.

하여(何如),
슴슴한 디카시에
미치다

박여범

시인의 말

박여범 시인

2022. 08. 어느 날

미장원을 다녀오지 않았는디

염색한 기억이 없는디, 나름 고급스러운 맥주 톤으로 물들어간다

나쁘지 않은디, 머리 색깔이, 똥색은 아니구먼

삐죽삐죽 흰머리 올라오기 전에

진짜 금색(GOLD)으로 변해버려야지, 더 늦기 전에

― 박여범 시인/ 밀밭/ 전문

디카시[1]는 디지털카메라(디카)와 시(詩)의 줄임말이다. 디카시는 디지털카메라로 자연이나 사물에서 시적 형상을 포착하여 찍은 영상(사진)과 문자를 함께 표현한 시다. 시적 형상을 순간 포착하고 그 느낌이 날아가기 전에 문자로 표현하여 SNS로 실시간 소통한다. 이처럼, 디카시의 가장 큰 특징은 SNS를 통해 자신의 생각을 사진과 함께 실시간으로 공유해 순간의 시적 감흥을 나눌 수 있다는 것이다.

본 시집에서는 디카시의 범주를 '5행 이내의 언술'로 규정한 한국디카시인협회(http://kdicapoet.com/)[2]에 한정하지 않는다. 그러나, 문학+사진(영상) 등 다양한 형태의 삶을 현대인은 어떤 방식으로든 표현하고 전달하고자 한다는 측면에서 바라보아야 한다. 순간순간 변화를 모색해야 한다. 이에, 필자는 기본적으로는 5행 이내의 언술로 하되, 10행 이상의 짧은 글이나 함축적인 표현의 서사가 있는 글을 포함하여 창작을 진행하였다.

『하여(何如), 슴슴한 디카시에 미치다』의 기획 의도는 실시간으로 소통하는 디지털 시대의 새로운 문학 장르로, 언어 예술이

---

[1] 디카시는 2016년 국립국어원에 문학 용어로 등재되었다. 그리고 2018년에는 중·고교 국어 교과서에 디카시 작품이 실린 바 있다. 한편, 디카시 창작자가 늘면서 지방자치단체를 중심으로 디카시 공모전도 개최되고 있다. 예컨대 경남 하동군의 '이병주 하동 국제문학제', 경기 양평군의 '황순원 문학제' 등이 디카시 수상작을 선정하고 있으며, 경남 고성군에서는 '경남 고성 국제 디카시 페스티벌'을 열고 작품 전시와 낭송 프로그램을 진행하고 있다. 2018년에는 충북 보은군이 오장환 시인(1918~미상) 탄생 100주년을 기념해 '오장환 디카시 신인문학상'을 제정하기도 했다.

[2] 한국디카시연구소(http://www.dicapoem.net/), 디카시마니아(https://cafe.daum.net/dicapoetry), 현대시문학(https://cafe.naver.com/koreanpoetry), 서울시인협회(https://cafe.naver.com/ohmysee), 시산맥(https://cafe.daum.net/poemmtss), 풀향기글방(https://blog.naver.com/usbjy), 한국사진문학협회(https://cafe.naver.com/dicapoem), 시인뉴스 포엠(http://www.poetnews.kr/), 시인투데이(http://www.poet.today/)

라는 기존 시의 범주를 확장하여 영상과 문자를 하나의 텍스트로 결합한 멀티 언어 예술 확장에 그 목적을 두고 출발한다. 이러한 시도는 문학창작 분야나 교육현장의 융합을 통한 문학과 사진, 패션, 자유학기 교육에 지대한 영향력을 발휘하여 다양한 분야의 출발점이 될 것으로 생각한다.

 매주 금요일 멋진 기사로 독자를 만날 수 있도록 도움 주신 전주매일의 김윤상 기자님, 매주 부족한 시를 따뜻한 마음으로 '좋아요'를 남겨준 불특정 다수의 독자, 부족한 원고를 예쁜 시집으로 탄생시켜 준, 『시산맥』의 문정영 대표님, 김병훈 실장님과 기쁨을 나누고자 한다.

 하나님과 동행하는 삶 속에서도 자식 뒷바라지에 기도로 평생을 함께하신 부모님과 가족, 형제자매에게 고마움을 전한다. 그리고 부족한 저를 사용하시는 하나님께 감사와 기도를 드린다.

■ 차 례

1부 꽃비 내리던 그 길에 영혼마저 담가 두었다

구름 가족	23
검정 고무신	25
가을 연못	26
핑크빛 수다	27
로켓, 그 거대한 문장을 품고	29
사랑은 무섭다	30
무수한 문장	31
생각 주머니	33
채우고, 채워주며	35
제대로 보니 둠벙이다	36
사는 일에서	37
연꽃	38
너의 의미	39
조팝이다	40
동백꽃, 그 길에서	41
눈물이 시리게	43
개나리	44
오월은 오지다	45
생각은	46

2부 하여(何如), 슴슴한 디카시에 미치다

꽃비 되어 내려오고	51
가뭄	52
하면	53
배추벌레의 마음	54
모녀(母女)	55
도도한 물방울	56
태양이 떠오르면 말라버릴 텐데	56
하늘은 맑건만	57
사랑의 줄다리기	59
슴슴한 디카시에 미치다	60
눈동자	61
옹기(甕器)	63
가을 하늘	64
꽃은	65
입(口)	66
사랑	67
야생화	69
꿈	70
줄다리기	71

3부 지는 것들에 대하여

너 땜시	75
한 점 먼지가 되어	77
꽃길 속으로 걸어 들어가다	79
바위 삼 남매	81
눈꽃 빙수	83
거시기 혀서	85
질투	87
살구	88
지는 것들에 대하여	90
성장	93
순천만 갈대	95
남원 뒷밤재 솔바람 길	97
서울아 평양아	99
하나, 둘, 셋	103

4부 물음표는 실개천 가득 황새 똥구멍처럼

산다는 건	107
낯설지 않다	108
그림의 떡	109
공생	110
외침	111
하늘 십자가	112
호박꽃 찬가	113
무상(無想)	114
당신 더하기(플러스)+	115
사월	116
무궁화	117
선물	118

5부 순님이 볼기짝은 왜 이리 붉은가

오동나무 꽃 피는 동산 123
그렇게 사과는 빨간디 124
기다림 127
경남이네 집 129
연분홍 춤사위에 131
벌집 해바라기 133
중독 135
민들레 137
도망치는 꽃 139
사과 141
들꽃은 스스로 자란다 143
그럴 때가 있다 145
바다 147
내 나무 149
장미가 필 때면 151
보리밥 153

6부   커피잔을 타고 흐르는 향기가 안개가 된다

커피잔을 타고 흐르는 향기가 안개가 된다   157

짝사랑   161

오월의 커피   171

이별, 그리고 기억 너머   173

만추가경 [晚秋佳景]   176

가을의 회상   179

이도수야   180

어지럽게 피어난 그리움만   182

■ 나의 시작(詩作)노트   185

1부

꽃비 내리던 그 길에 영혼마저 담가 두었다

구름 가족

물 아래 내려온 구름 가족처럼 살고 싶은
그런 자그마한 소망 하나쯤은 있지 않을까

누구에게나

검정 고무신

 눈이 비가 되어 함지박 빙수처럼 내리던 포근한 신발장 앞이다
 훅, 들어온 작은 공간엔 십일 번 고무신이 도도하게 반들반들 매끈매끈하다
 세상을 미치도록 하얗게 만든 교정엔 비처럼 눈이 내려 축복이 쌓인다
 나름, 멋들어진 패션의 마침표는 깔 맞춤 검정 슈트에 녹아 버린 지 오래다
 오늘도, 이름 모를 검정 고무신 한 켤레만이 비처럼 눈이 되어 내린다

가을 연못

가을이 온다구, 옆 마을은 잔치 연다네
오메, 넌, 단풍인디, 멋진 노랭인디, 부러운가
그랴, 나가 단풍 노랭이가 되었다 이거지
암만, 넌 가을여, 노란 가을여, 글구말구, 최고여
보증은 나가 하지, 도장 꾹

핑크빛 수다

핑크빛 수다로 하루를 연다
목마르다, 목마르다
성깔 급한 고양이 검은 털이 뒤집힌다

달콤한 눈빛 머문다
줄기마다 모락모락

로켓, 그 거대한 문장을 품고

우주 공간으로 나간 후에야 너와 함께인 줄 알았다

에메랄드 빛 하늘에는 혼자가 아니다
불태운 대기권도 뜨겁지 않다

미사일이 아닌, 로켓이라는 거대한 문장을 품고
즐거운 생각 덩어리가 하늘을 가로질러 우주를 품는다

사랑은 무섭다

사랑이 무서운 건, 붉은 입술 훔쳐 간 스무 살 꽃잠입니다

터져버릴 것 같은 화려한 궁둥이 밀고 나온 추억 하나입니다

물불을 가리지 않고 어디로 가는지 모르기 때문입니다

그렇게, 터질 것 같은 추억에 기름이 부어집니다

뜨겁게 주저앉아 흘러내린 사랑은 곶감처럼 달콤합니다

무수한 문장

알 수 없는 무수한 문장들이 있다
먼지만 가득 세월의 통장을 채워주고 있다

바보 같은 삶에 게으르고 답답하다

끄적 끄적이던 얄밉지 않은 그런 마음이다
나태함과 게으름이 둠벙을 만들다 보면

생각 주머니

보랏빛 주머니엔 무엇을 그리도 숨기고 있는가
엉거주춤 횡하니 바람이 와서 금세 지워버리면 어쩌려고

허공에 뿌려놓은 것은 깊숙한 마음에 품어 왔던 침묵인가

하늘만 바라보며, 삶의 무게를 버티며 살아온 당신처럼
어찌 좋은 일만 있겠는가, 가는 허리 하나로

밀밭

　미장원을 다녀오지 않았는디
　염색한 기억이 없는디, 나름 고급스러운 맥주 톤으로 물들어간다

　나쁘지 않은디, 머리 색깔이, 똥색은 아니구먼

　삐죽삐죽 흰머리 올라오기 전에
　진짜 금색(GOLD)으로 변해버려야지, 더 늦기 전에

채우고, 채워주며

둠벙을 채우지 않고 흐르는 생각은 없습니다

이 세상 흐르다 보면, 많은 푸성귀가 금방이라도 터질 것 같습니다
빈 둠벙엔, 바람과 햇살의 습습한 인연이 필요한 것처럼

손바닥 같은 우리 삶도, 어찌 보면 채우고 채워주는 것입니다
둠벙을 채우고, 채워주며 사는 이치와 같습니다

제대로 보니 둠벙이다

묘하게 생겼다

딱, 바라보는 각은 숟가락이다
요렇게 보면, 뭉크의 생각하는 사람 같고

저렇게 보면, 풍선 같다

제대로 보니 둠벙이다

사는 일에서

사람이 사는 일에서 조급함은 섣부른 판단의 기준이 됩니다
흐르는 물에 떠가는 욕심은 미워하는 마음이 됩니다

미워하지 말고 잊어버려야 합니다

흐르는 물을 바라보는 사람의 마음은 여유롭고 평화로워야 합니다
사람 사는 일, 아무리 천하의 거그라도 거시기 합니다

연꽃

저마다의 마음에 하나쯤 사연이 담겨 있습니다
사랑이라는 이름으로, 그 마음을, 그립고 보고픈 세월을 껴안아 봅니다

후회하면서도 사랑할 수밖에 없습니다

저마다의 사연을 품은 우리 모두의 마음처럼, 모든 것은 품어야 합니다
연꽃 한 송이가 그렇습니다, 누구나 그러하듯이 말입니다

너의 의미

너와의 만남으로, 하루를 열어 제낀다

무어라 말하지도 못하면서
게다가, 찌질이처럼 표현도 못한다

그렇지만, 어찌 되었든, 나는 나는, 기분 좋은 아침이다
못생긴 얼굴마저도, 엷은 미소가 머금는 함박웃음처럼

조팝이다

개나리 콧물 눈물에 울고불고 땅만 바라본다
발을 동동거린다

벚꽃도, 목련도 소리 없이, 하늘만 바라보며
긴 한숨 토해낸다

사월은, 조팝이다

동백꽃, 그 길에서

동백이 마음 가득 들어오던 이월, 한라산 자락 제주에는
파란색 바탕으로
추억만 남긴 웅덩이 가득
글씨가 되어버린 찻잔 너머, 무명색으로 다가와
꽃비 내리던 그 길에 영혼마저 담가 두었다

눈물이 시리게

초록 이불에 푸른 하늘 물음표를 넘치게 담는다
천하태평, 그 길엔 알 수 없는 발자국만이 휘돌아 간다

실개천 사다리 타고 너울너울 넘쳐나는 그리움이다

어쩜 눈물이 시리게 푸르른 청춘이다
발걸음 가볍게 걷다 보면 어느새

개나리

노랑이가 수놓은 이불 담장입니다
오메, 꽃비 내리는 언저리마다 하나입니다

채워지지 않는 거시기처럼
언제나 완전체로 피어날 수 있을까요

콧노래가 전하는 봄바람이 달콤합니다

오월은 오지다

푸른 하늘 태양만이
마당 가득 소리 없이 내려온 순간순간마다

오늘도 오월은 오지다*

깜짝 놀라, 할 일 없이 멍 때린다
바보스레

*오지다(형용사) : 허술한 데가 없이 매우 야무지고 실속이 있다

생각은

좋다
허벌나게* 자기 모순에 빠져도

그래서
살맛이 난다

다양한 생각이 떠나지 않는다

*허벌나다(자동사, 방언)
 (주로 '허벌나게'로 쓰여) 양이 푸지게 많거나 정도가 심하다
 전라 지방의 방언

2부

하여(何如), 슴슴한 디카시에 미치다

꽃비 되어 내려오고

낙엽 지는 낯설고 차가운 아스팔트 바닥 가득가득
바람에 등 떠밀린 영혼 없는 낙엽만이
이슬비처럼
이름 없는 꽃이 되어 나뒹굴다가
살망살망 선녀처럼 꽃비 되어 내려온다

가뭄

저수지 바닥이 1센티미터씩 속살을 드러낼 때마다
날랜 두루미 부부가 식사에 정신이 없고
앞만 보고 달려가는 방문객 너머로
코를 찌르는 비린내 한 모금이 진동한다
오늘도 하늘 보니, 기우제 준비가 빠르겠다

하먼

어디 가서
아름답단 야그 하덜 말어

하먼*

최고여
아무리 생각혀 봐도

*하먼 : '그럼'의 방언

배추벌레의 마음

아픔만 주었다
생각할수록

마음 가장자리가 시퍼렇다

모녀(母女)

  지나가는 바람이 고개를 끄덕입니다
  소나무 숲은 언제나 그 자리에서 사무치게 눈물이 차오릅니다
  하늘만 바라보며 던지는 미소가 따갑습니다
  소나무 숲을 걸어 본 사람은 알고 있습니다
  빽빽한 소나무 사이사이마다 못다 한 사연이 켜켜이 쌓여 있다는 것을

도도한 물방울

잠만 쫓던 연못 공주가 나타나면, 새벽비가 그친다
도도한 물방울에 반해 주문을 걸었나 보다
소변이 마렵고 아랫배가 아파온다
긴장 탓인지, 두려움인지, 바라보는 나만 그런가
태양이 떠오르면 말라버릴 텐데

하늘은 맑건만

막걸리 한 사발을 벼루에 담아 먹을 간다
나름 부린다는 여유가
화선지를 앞에 두고 무엇으로 채울까 고민이다
하늘은 맑건만, 이리저리, 우왕좌왕, 눈동자 풀린
똥 마려운 강아지처럼

사랑의 줄다리기

　연못에선 은밀히 빛과 바람을 들이며, 그렇게 호흡 맞추며 우주를 품었습니다
　허공만 품은 사랑 나무는, 처음엔, 처음엔, 눈에 띄지 않습니다

　천둥 치고 비바람 부는 날, 누구나 짊어질 수 있는 사랑에 목마른 바보처럼
　소리 없이 다가온 당신처럼, 힘닿는 대로 가는 것이 사랑인 줄 알면서도

　못 이기는 척, 따라가기가 쉽지 않은 사랑의 줄다리기임을 잘 알면서도 말입니다

슴슴한 디카시에 미치다

노력 없는 행운을 기대하며 하나에 미쳐보면
네잎클로버가 그 누구의 것도 아니라 생각되고

일상의 방향 감각은 그 간절함으로 카오스(chaos)되어
마음은 준비 없는 선물만이 뜬구름처럼 저마다의 바다가 된다

하여(何如), 슴슴한 디카시에 미친다

눈동자

아름다운 눈동자다

모든
생명이 꿈틀댄다

환장허게

옹기(甕器)

저만큼, 옹기(甕器) 하나 우뚝 서 있다
무심한 바람 소리에도 목숨 자리를 지켜왔다

그렇게, 그렇게, 저녁이 올 때까지

금이 가고, 멍이 든 몸뚱아리*로 모진 바람 친구 삼아
파란 하늘을 담는 눈동자 되어

*몸뚱아리 : '몸뚱이'의 방언(전남)

가을 하늘

개차반처럼,
마냥 웃다 보면 알곡이 고개를 숙인다

노트엔 이미,
파아란 가을 하늘이, 어서 오라 손짓한다

가을이라 적는다

꽃은

화려해야 하나 봅니다
화사한 옷을 입어야 하나 봅니다
앙상한 육신을 가리고 싶은가 봅니다
백일홍 물감으로 욕심을 부리려나 봅니다

그 밥에, 그 나물이 되지 않기 위해

입(口)

논란의 핵으로 서고 싶은 사람은 없다
소중하고 다양한 용도의 입이다

다물수록 지키고 단단하게 야물어지다가도
분위기는 조심스럽다

열면 강물처럼 흐르는 수많은 전설이다

사랑

  살의(殺意)*가 가득한 사람에게도, 사랑은 마약보다 강력한 중독이다

*살의(殺意) : 사람을 죽이려는 생각

야생화

저렇게, 꽃이 되고 싶다
언제 올지 모르지만

옹기에 물이 차는 날까지, 피고 지며 기다린다

당신은 가도 사랑은 남아 가슴 설레기에
피고 지며 기약 없이

꿈

꿈이란 별을 보고 걸어가는 것과 같다

꿈은 저 멀리 있는 별이 아닌
저 별을 그리면서 걸어가는 과정이라는 걸

멀리 떨어져 있더라도, 닿을 수 없는
한 걸음 한 걸음 다가가야만 하는 길이다

줄다리기

다, 어디로 간 거지
너무 힘들다

다리가 후들거린다
어디, 힘 좀 써 볼까나

그래, 어디 한 번 해 보자는 거임

3부

지는 것들에 대하여

너 땜시

오메, 까칠한 명자 입술이 요렇게 예뻤당가
으쩐다냐? 나가, 나가 말여, 환장허것어

그만 좀 웃으랑께, 살포시 바람처럼 말여
어메? 달콤한 꽃술 한 잔에 배가 부른디

어떡하지, 벌건 대낮에 뜀박질하는, 너 땜시

한 점 먼지가 되어

눈만 돌리면
호흡 한 번 내뱉으면

찰칵 소리 듣고 나면 같으면서도
또 같지 않은 듯 다가오는

소소한 일상도
흘러간 메모장을 채워줄 수는 없기에

삼백육십오일 사계가 어우러지듯
한 점 먼지가 되어

꽃길 속으로 걸어 들어가다

눈에 담기 좋은 꽃들도
나른한 바람도, 경계선에 머물러 있다.
비어 있는 듯, 채워지지 않는, 짝꿍 의자 두 개도
같은 듯 다르게 제 맘대로

이름 없는 빈 의자만이
꽃이 꽃을 피워 만든 길이다.
기약 없이 흔들리는 동공 가득,
첫사랑이 피어나던, 아득한 철부지 꽃밭이다.

결국, 바람 따라 소리 없이
나무도, 의자도, 꽃들도, 첫사랑도, 제 맘대로다.
꽃길 속으로 걸어 들어가, 속절없는 터줏대감 되어
세월 속에 나올 줄을 몰랐다.

바위 삼 남매

몸이 왜 이리 무거울까?
많이 먹지도 않는디
나만 이래야 하는 겨, 밉상이네
예쁘고 날씬하다 이거여

근게 말여, 쪄도 문제, 말라도 문제여
보기 좋고, 예쁜디, 왜 그래
미안한디, 둘째야, 화 내지마
난, 살이 통 붙질 않네

둘은 그래두 남자니까
근디, 나는 뭐야
이놈의 살, 어쩐다냐, 살은 전쟁여, 전쟁,
어림없는 소리제

남녀가 왜 중요한 겨, 이 시점에서
창피하지도 않니, 저기 저것들이 비웃잖여
수련, 저것들도 예쁘다 이거지, 아이, 속상혀

일단, 오늘만
고추장 삽겹살에 시원한
막걸리 한 사발 찌끄러야 하지 않을까?

눈꽃 빙수

아따, 징허네
이 집, 장사할 줄 아네, 암만 그래야제

센스가 있구먼, 어디,
사장 얼굴 한 번 봐야 허것는디

사람도 허벌나게 많네
주변 카페는, 모두 파리 날리는 것 같은디

여그는, 야그는, 거시기 허게도, 정반대구먼
더위도 녹이는 눈꽃 빙수라 그런가벼

거기다가 아메는 덤이네, 덤,
상술 좋고, 머리 좋고, 음

묘한 마력이 있는 맛이여
숟가락이 멈추지 않는 이유가 뭘까

거시기 혀서

거시기 혀서 좋겄다, 좋겄어
부스가 네 개나 되고 말여

어쩜,
오메, 저렇게 때깔도 좋다냐

색깔도 방향도 다양하네
욕실 거시기구먼

부러우면 지는 것인디
그랴도 하나만 있으면 거시기 허겠는디

좋겠다, 밥-밥-밥
연밥 닮은 연못 사우나가 거시기혀다

어디선 본 것 같은디
그랴, 그렇고만, 그라제

질투

부럽고 부럽다 못해 질투가 난다
감당하기 힘든 싱그러운 몸짓이

청춘아, 더도 아닌,
그날처럼 막걸리 한잔이라면

딱, 일 초만이라도 좋다

아침 햇살처럼 하나의 싹이 되었다
빛나던 눈망울은 동이 터오는

그 시절이 아리고 아리기만 하다
꿈을 향한 열정과 아픔이 익어가던

이별 편지는 눈물로 마음만 적신다
가고 오지 않는 수많은 청춘(靑春)을 향한

살구

농부의 넉넉한 마음이다
바람과 맑은 공기, 햇살 가득
풍성한 수확을 기다리는

우물가 담장 너머다
평화롭고 따뜻한 숨결에
마당을 지나, 깊이를 헤아리기 어려운

한 남자처럼, 멍에를 짊어진다
담배 피워 물고
하늘만 바라보던 눈빛마다

세상 풍파와 맞선다

옷소매에 닦아
익숙한 듯이, 시큼하게 베어 물면

맛깔나고 새초롬하다
뻐꾸기 소리처럼
짧은 미소가, 살구나무 가득

지는 것들에 대하여

거미줄 너머에 가지런히
고개 숙인 지는 연잎을 바라본다

누군가에게는 시작이
또, 어떤 이에게는 끝이

다, 그렇게 다를 수 있다는
아주 단순한 삶의 무게가 부끄러워진다

약속이나 한 듯 가지런히
고개 숙인 연꽃 어르신과 가느다란 눈이 마주친다

첫발을 내딛던 지팡이는 살포시 웃음 지으며

어서 가라 손짓하는 흰머리 연꽃 어르신의 잔잔한 미소다

-이 정도면 잘 살아온 거야
-부디 아름다운 청춘을 헛되이 보내지 말길
-우리 잘 살아온 거 맞는 거지

전해오는 세 문장에
핑 돌아내리는 눈물을 참아내기 어렵다

먼 산 바라보며 떠오르는 태양을 그림자 삼아
손수건만 축축하게 멍든다

성장

잘 들어야 해
듣고 있는 거지, 미안, 미안, 그렇지만,

아직 어리단 말야
덩치만 큰 거 알아, 우리 둘

그래, 아직은 아냐, 아닌 것이 분명해
어린 티가 팍팍이란 말야

어, 우리는 지금, 지금 말야
이도 저도 아냐

엉거주춤 서 있는 상태야
껴안고, 밀어내고, 그럴 때가 아냐

어머, 땀 나는 거 봐
많이 힘들구나, 넌

나도 그래, 힘들어
너만큼

순천만 갈대

연인의 입맞춤처럼 한가로이 흘러간다
순천만 갈대밭은

그 길 한 가운데 서 있다
사각사각 서로 등을 비빈다

시월의 어느 날이다

살랑살랑 웃음 짓는 이 길의 끝에서
하늘은 저렇게 푸르고

바람은 이렇게 살망살망 불어온다
짱뚱어도 꽃게도 숨어 버렸다

시월의 따가운 태양의 등살에

남원 뒷밤재 솔바람 길

지리산 자락을 타박타박 걷고 닮다
남원 뒷밤재 솔바람 길

세월의 무상함에
길은 옛길 그대로건만

감당하기 쉽지 않다
이 쓸쓸함을

하늘보다 높이 치솟은
나무 그늘에 발길 멈추니

넘어간 시간이 야속하다
추억의 저편으로

서울아 평양아

어슴프레 다가오는 희미한 기억 너머
잔망스런 여름의 끝자락이 한창이다

한강아 백두야
손잡고 다시 앉아보자

서울아 평양아
깁밥을 나누던 그 자리에서 다시 만나자

고요속의 외침만이
부모님 얼굴에 주름살만 더해간다

오늘도 운동장엔
여전히 파란 잔디가 손짓한다

찔레꽃 필 때면

논두렁 지나
개울 징검다리 건너엔
하얀 찔레꽃이 피었다

보리밭 작은 길로 들어서면
매일같이 마주하던, 누님 머리 위에도
찔레꽃 한 송이가 피었다

-왔구나
-어서 와

환한 미소가 담을 타고, 불러주던 목소리에도
찔레꽃 한 송이가 피었다

기억의 저 너머엔,
오늘도 하얗게
그리움이 몽글몽글 구름 되어 흘러가고

하얀 찔레꽃은
앞다투어 피어난다

하나, 둘, 셋

조심스레 그 자리에 앉아 주세요
사회자의 손가락에 집중하세요

그리고 긴장해 주세요
절대, 허둥대지 마세요

서로 눈을 맞추면 반칙이에요
손잡는 건 괜찮습니다

이제, 최악의 수를 찾아볼까요
자, 미션 들어갑니다

4부

물음표는 실개천 가득 황새 똥구멍처럼

산다는 건

물음표는 실개천 가득 황새 똥구멍처럼 싱겁다*
제대로 사는 것은 어떻게 사는 것일까
제왕처럼 남부럽지 않게 사는 게 뭘까
푸른 하늘의 십자가를 마음에 담을 수 있을까
참말로, (당신+나=우리)처럼만 살면 되는 것일까

*황새 똥구멍처럼 싱겁다
  -사람이 아주 멋없고 싱겁기만 함을 놀림조로 이르는 말
*싱겁다
  -짠맛이 거의 없거나 약하다 맛이 독하지 않다
  -제격에 어울리지 않고 좀 멋쩍다

낯설지 않다

하는 일 없이 뚜벅뚜벅, 발길을 옮기면 옮길수록
아무리 낯설게 하려 해도 낯설지 않다

뭐지, 뭐지, 바보처럼, 혼잣말만 중얼거린다
허송세월(虛送歲月)이 낯설지 않다

머릿속은 이미 하얗게 눈이 쌓여 무아지경이다

그림의 떡

낙타도 + 유목민도 + 상인도 + 너도 + 나도 = 우리 모두도

그림의 떡이다

공생

잔망스럽게 피어날 내일을 위한 몸부림은
낙타눈물 같은 창살 너머 낭떠러지 그곳에도

서로를 보듬으며 공생하는 시골 장터 한가운데
눈물 바닥이 애처롭다가도

깨어지고 부서져 살포시 고개 내민다

외침

켜켜이 바닥 가득 쌓인, 진흙 덩어리처럼
어설픈 잠에서 깬, 호숫가 타오르는 거대한 울음만이, 배를 움켜잡고

나는 안다

힘차게 힘차게, 싸이렌 소리 들리면, 얼마나 외치고 싶었는지
슬픔이 착 달라붙어, 터지던 모두의 심박수처럼

하늘 십자가

동심으로 돌아가
저 하늘을 걸어

누군가의 마음에 십자가로 남을
저마다의 간절한 기도로

걸어가야 할 시인의 눈이다

호박꽃 찬가

꽃 중에 꽃은 무엇이간디
아, 바로 이거지, 거시기 허게 거시기 혀
거그, 거기 있잖여, 노오랗게 말여
활짝 웃는 얼굴은 거그엔 없어
꽃 중에 꽃은 황소 궁딩이 닮은 거그지

무상(無想)

아무것도 생각나지 않는다
머리만 하얗다

무어라 이름 불러 봤으면 좋으련만
이 미친 아름다운 것에

당신 더하기(플러스)+

거부할 수 없는 공식(公式)
당신 더하기 (플러스) + 나

너 + 나 = 우리

사월

꽃잔디가 햇살에 여리도록 창에 스친다

조심조심 부르던, 사월의 노래처럼, 서울로 전학 간 친구와 좁다란 논길 따라

사월이 그렇게 눈부시게 빛나고 있다

무궁화

무-궁-화, 다함이 없이 피고 지는 꽃이다
대한민국 삼천리 방방곡곡에 자음 + 모음 되어, 피고 지며
꽃 중에 꽃으로 피고 지며
기미년 독립운동처럼 선명하게 휘날리던 태극기다
희망의 전령사 되어, 피고 지다가 완성될 문장은 무궁화다

선물

튼실허게 잘 자라 줬습니다
새들의 눈도 잘 피해왔습니다
햇살과 공기가 오늘 하루 선물입니다
일급수 영양제로 토실토실 살이 올랐습니다
통통하게 알알이 여물었습니다

5부

순님이 볼기짝은 왜 이리 붉은가

오동나무 꽃 피는 동산

앞동산 중턱에 오동나무 가족이
꽃가마를 준비한다

찾는 이 드문, 그 길에서
가던 길 멈추고 너와 눈을 맞춘다

발길마저 끊긴 고즈넉한 보금자리마다
별이 될 하늘만 바라본다

간드러지게 들려오는 소쩍새 울음 따라
오동나무 꽃 피는 동산이 시퍼렇게 멍든다

그렇게 사과는 빨간디

그렇게 사과는 빨간디
사과도 그렇게 빨갛게 익어가는디
순님이 볼기짝은 왜 이리 붉은가
무슨 사연인가

불어오는 소슬한 바람이 옷깃을 여미게 하다가도
방긋 웃는 태양을 피하기 어려워
온몸으로 검게 그을리며 맞짱을 뜬다
시인의 마을에는 그렇게 그렇게 가을이 온다

미자네 대추도 담을 타고 붉게 익어가고
동수네 담장엔 늙은 호박이 여그 저그 터를 잡았다

학종이네 담벼락엔
당당한 끝자락 포도송이 간들간들 바람에 흩날리고

그 아래서 민수네 똥개가
오줌을 갈기며 영역표시에 한창이다
벌초 다녀온 할아버지
쉰 목소리에 숨이 넘어갈 때가 되면

밥 타는 냄새 동네 가득 채운다
골목길 누비던 때꾹물 줄줄 흐르는
경숙이가 힘껏 콧물을 들이킨다
그렇게 사과는 빨간디

사과도 그렇게 빨갛게 익어가는디
아름드리 느티나무 아래 신발은 여섯인디
스물에서 여섯을 빼면
열넷은 언제 심었는지 알 수 없다

미루나무가 당당하게 터줏대감 되고
책과 음악을 감상하던 동원이는 어디에 있는가
그렇게 사과는 오늘도 빨갛게 익어가는디
그렇게 사과는 빨간디

기다림

기다림은 기다린다는 것이다
기다림은 온전히 나의 몫이다
기다림은 누구나 즐길 수 있는 게임이다
기다림은 아무렇지 않게 무심결에 다가온다
기다림은 마른침을 꼴딱꼴딱 삼키게 한다
기다림은 불확실한 초조함에 소소한 물줄기가 된다
기다림은 살그머니 손잡아 주는 무심한 공허함이다
기다림은 그 자체가 출발부터 다소 허무함이었는지 모른다
기다림은 기다리고 기다리며 기다린다는 것이다
기다림은 먼 길을 짊어지고 가야 할 멍에다
기다림은 곁에 두어야 할 그 무엇이다
기다림은 갈등도 마른 침도 아니다
기다림에 너무 깊이 몰입할 이유가 없다
기다림의 척도는 시간이다
기다림은 기다림에 대한 예의다
기다림은 하나의 선택 게임이다
기다린다는 것은 누구나 즐길 수 있는 평범함이다
기다림은 기다린다는 것이다
기다림은 온전히 나의 몫이다

경남이네 집

우거진 나무에 여기저기 찢기고 찢기어도 살아난다
구성진 목소리와 아련한 추억 언저리마다
새살이 돋는다

옥천 청산 오일장이 열리던 날이다
거듭 차올라도 여민 돌덩이만 가득하다
하늘은 눈이 시리게 푸르든지 눈물이 날 것 같다

전설이 켜켜이 기록되는 살구나무 아래
누렇게 익어가는 보리밭은 언제 거둬들일지 모른다
거시기 모내기는 누가 하냐며 한숨 길어진다

논두렁마다 늘어진 퍼런 추자나무 그늘에선
길게 내뱉은 아버지의 담배 연기만이 피어오른다
소쩍새 울음 따라 하늘만 바라본다

눈이 시리게 푸른 유월 어느 며칠에 말이다
누워 있는 경남이 집을 찾지 못한다
땀으로 세수하며 헤매던 고향 뒷동산 자락이다

연분홍 춤사위에

몽글몽글 연분홍 춤사위에
개구리, 물오리, 우렁이 가족
앞다투어 연꽃을 눈에 담으면
휘둥그레 커진 눈동자 가득

사악 사악 스으윽
아련하게 터지고 터지는
방울방울 전쟁터 되고

연꽃 향기에 취한, 이웃집 백구가
킁킁킁, 냄새 따라 떠난다

고추잠자리 따라
동네 마실 나온 범숙이 귓가에
피어나는 꽃송이엔 알 수 없는
옅은 미소만 가득가득하다

벌집 해바라기

우연찮게 만난 벌집 같은
너의 거대한 몸짓에
움찔하다가 용기 내어 바라본다

알알이 영근 치아 사이로 빠져버린 유치(baby teeth)가
여기저기 바람길을 만들어
울퉁불퉁 한겨울 얼음판 같다

마치, 풍성하고 화려하면서도
순서 없이 헤메이는
영화의 한 장면처럼 심란하고 스릴 넘친다

채워지지 않는 너와 나를 만난 것 같아
혀끝에서 느껴지는
씁쓸음한 해바라기 향기가 부족하다

텁텁한 전주 막걸리 뒷맛이 개운하지 않은 이 시간이다
떠오르는 낯선 얼굴 하나 있어
오늘따라, 더, 씁쓸 텁텁하다

긴기니아

거실로 들어서며 짧게 호흡하는 순간이다
우연히 눈이 맞은 긴기니아 향기에 취해 붉어진다

마스크에 잠긴 얼굴이 속삭이는 봄바람처럼 부끄럽다
대답 없는 메아리에 멈칫함도 잠시, 구부렸던 몸을 일으킨다

느린 걸음 거북이처럼 가까이 더 다가간다

달콤한 당신의 향기에 취해야만 하는 당연함이다
블루베리 스무디 한 모금처럼

중독

살랑살랑,
바람이 얼굴을 스친다

입술은 바싹바싹, 타들어가 사막이 되고
짧은 입과 코 사이로 익숙한 냄새가 자극한다

달콤함도 고소함도 아니다
그냥, 구수함이다

늘 마셔온 냄새,
아메리카노 냄새만 가득하다

무심한 듯 다가온,
자음+모음=구름처럼 문장이 된다

민들레

스쿨버스 다니던 그 자리에 턱 하니
자리 잡고 얼굴 내민 민들레 식구

올망졸망 아스팔트 사이 좁디좁은
그곳에 망설임 없이 피어난 잔망스런 희망

여우비를 기다리는 땡볕의 목마름으로
처연하게 바라보는 텃새의 재잘거림

태양이 멀어져 가도 아무런 말없이
오늘도 무사히 내일을 준비하는 나그네

단칸방 아랫목 태양 없는 그 자리에도
불쑥 고개 내밀 민들레 식구

도망치는 꽃

꽃이 도망친다
뜨거운 태양에 질린 듯이
살금살금 걸어서 뜨거운 여름날로 도망친다

하이얀 마음은 눈이 부셔 손으로 가리려 한다
그래도 뜨거운 태양에
질린 듯이 수많은 물음표가 된다

붉은 태양 가득 마음마다
노랑 빨강 하이얀 물감이 물들고 물들인다
지워지지 않는 너는 뜨거운 태양에 질린다

이 수많은 물음표가
살금살금 걸어서 뜨거운 여름날로 도망친다
일곱 색깔 무지개처럼

누군가의 마음에 뜨거운 태양이다
질린 듯이 수많은 물음표가 살금살금 걸어간다
그들도 뜨거운 여름날로 도망쳐 피어난다

다양하고 복잡한 저마다의 꽃이다

사과

사과를 깎으며 찬찬히 생각을 정리한다
나를 쏙 빼닮은 똑같은 자식이다
둘을 키워보고 알았다
부모 마음을 이해할 수 있을 것 같다

가슴 깊이 다가왔던 그 시절
아버지의 사과는 내세울 것 없다
벌레 먹은 과일처럼 볼품없다

그렇게 아버지의 사과는 먼지만 가득하다
추억의 파노라마가 된다
가마솥 가득 누룽지 긁어 손에 쥐어 주던 아버지다
그 온기가 그리워진다

영정사진, 활짝 웃어주는 아버지다
이제 벌레 먹은 못난이 사과 같은 나이가 되었다

나도 아버지의 그 나이에 곱하기 나이를 더해간다
또 하루가 저물어 간다

들꽃은 스스로 자란다

철없던 중학교 시절 교실 칠판 위
우리 반 급훈 들꽃은 스스로 자란다

의미도 생각도 없이 매일매일
하늘 높이 쳐다만 보았던 문구다

아스라이 밀려오는 그리움 속에
떠오르는 선생님 얼굴 까마득하고

어느 별에 머물며 어느 들판
이름 없는 꽃으로 피어 활짝 웃고 계실까

지금 어디 있는가 들꽃은 스스로 자란다며
두 팔 벌려 손짓하던 그 교실은

그럴 때가 있다

대답부터 질문까지 칼날이 시퍼래도
그래도 싱겁게 절로 웃음이 나는 것처럼
그럴 때가 있다

각을 세우며 촉수로 몸부림치고 소리 질러 봐도
지금 우리는 만나고 있는 미소처럼
그럴 때가 있다

때깔 좋은 모과의 달콤한 향기처럼
아무도 모르게 지나가길 바라는 바람같이
그럴 때가 있다

그 모과의 향기를 바람처럼 온전히 즐겨 보았는가
그럴 때가 있는가
아니, 그럴 때가 있었는가

쉼이 필요한 휴식처럼 주어진 나무 그늘 아래에서

마음은 그렇지 않은데
익숙함으로 영혼마저 안개가 되는 것처럼
그럴 때가 있다

바다

가느다란 벤치에 앉아
석양을 바라보면
한 편의 드라마가 펼쳐진다

함께한 어깨를 토닥이는
아들과 엄마의 다정함은
영화의 한 장면처럼
아스라이 파도소리가 들려온다

넘실대는 조각배는 두둥실 떠가고
지지직, 익어가는 삼겹살 소리에
놀란 똥배가
부끄러워 고개를 숙인다

알 수 없는 풀벌레 소리에 흥이 고조되면
으쌰으쌰 장단 맞춰 콜라보로 리듬도 타고
바다가 그리운
누군가에겐 부러움의 대상이다

야들야들 바비큐 익어가면
덩달아 노을빛 바다도 넘실대며 익어가고
웃음소리마저
고즈넉하게 출렁댄다

내 나무

두 손 흔들며,
대문 앞에서 기다리신다

차 꽁무니가
사라질 때까지

그런, 두 분의 모습이 그립다

보일 듯 말 듯
있는 듯 없는 듯

부모님 뵙고,
집으로 돌아오는 길이다

차창 너머,
짝지* 지킴이가 내 나무 된다

그렇게 그렇게
하염없이 바라보고 계신다

*짝지 : 짝을 이루는 동료, 뜻이 맞거나 매우 친한 사람을 이르는 말

장미가 필 때면

창문 너머 장미가 필 때마다
뽀작 뽀그작 뽀작, 나른하게
널브러진 영혼은 콧노래를 부여잡는다

어찌어찌 버티다가
달콤한 10분간 휴식에 옹기종기 쪼그려 앉아
먼 산 바라보며 나누는
몽글몽글 담배 연기는
궁글긍글 핏발로 서리 되어 내린다

달달한 커피 자판기
또르르 흐르는
개미 눈물만큼 달달함은
한 모금 입가심 가득

무심한 세월의 강이 되어 흐른다

보리밥

한 덩이 보리밥이다
어쩜, 그리도 못생겼니
하얗게 뭉친 물방울이 모락모락 피어오른다
거무딕 희끄무레 탱글탱글하다
알알이 꽁꽁꽁 보리밥 채워진다
품어대는 보리 방귀 넘쳐나 장단 된다
쌍 바윗골 소똥 누님 버들피리 부끄럽다
방귀 합창에 풀피리 소리 삐리리 삐리리 귀엽다
귀여운 풀피리 불어대는 하모니는 영수 총각이다
마을 가득 까르르 웃음소리 연기되어 사라진다
형형색색 채소가 붉은 고추장 자료에 살포시 춤춘다
찌끄린 밥그릇에다가 까득 채운다
가득가득 꽁꽁꽁 보리밥 비비고 비빈다
새록새록 어릴 적 골목골목 영상 가득 채워진다
숟가락질 놀이터에 숨바꼭질 삼세판 더해진다
꺼진 뱃살에 부끄러운 배꼽 툭 튀어 오른다
덩달아 꽁꽁꽁 보리밥도 춤을 춘다
어쩜, 그리도 징허게 못생겼냐
반복법으로 놀려댄다
개똥 할머니 웃음바다다

6부

커피잔을 타고 흐르는 향기가 안개가 된다

커피잔을 타고 흐르는 향기가 안개가 된다

커피잔을 타고 흐르는 향기가 안개가 된다
안개가 바닥에서 하늘로 슬며시 오르며 흐른다
나무에서 나무로 살짝 움직인다
거센 파도가 물결치듯 밀려온다
어디선가 나지막이 들려오는 헛기침 소리다
흐르던 안개에 숨겨진 큰 눈동자다

커피잔을 타고 흐르는 향기가 안개가 된다
새벽잠 설친 고라니를 갈 길 몰라 헤매게 하는 안개다
하늘하늘 내려오는 물안개의 야릇한 속삭임이다

봄을 나무에서 나무로, 하늘에서 땅으로 전한다
이 마음에서, 저 마음으로 수직 하강한다

커피잔을 타고 흐르는 향기가 안개가 되다
모락모락 피어나던 수증기가 안개가 되어 흐른다
공룡 발톱 같은 솥뚜껑이 열린다
그 너머로 형체를 알 수 없는 실루엣이 펼쳐진다
먹음직스럽게 버티고 앉아 있는 것은 찐빵이다

커피잔을 타고 흐르는 향기가 안개가 되다
먹고 싶어 군침만 삼키던 그날처럼 말이다
그 누군가에게는, 자연의 질서에 순종하며 생사를 보듬는다
그 모양이 피어나는 버들강아지처럼 안개가 흐른다
또, 안개가 내리는 날이 누군가는 의미가 없다

커피잔을 타고 흐르는 향기가 안개가 되다
안개가 흐르는 벤치에 앉아 감상 모드로 전환한다
안개가 그저 그렇게 의미 없이 흐르는 날이다
자연법칙임을 너무나 잘 알기에 무덤덤하게 일상을 누린다
고독한 금붕어도 꼬리를 흔든다
안개 연못의 흐름에 박자 맞춰 길을 나선다

커피잔을 타고 흐르는 향기가 안개가 되다
아마도, 서-너 -잔은 넘게 들이부었건만, 고프고 고픈,
아메리카노에 중독된 감각 없는 후각이
두 손 잡은 미각을 따라 흘러가는 안개와 그렇게 가 버린다

어쩌자고

그렇게,
그러하게,
그러나,
그래서
그럼에도 불구하고
그가,
그대를 위해
그렇게,
그렇게,
그래서

뭐, 어쩌자고
그래서

짝사랑

누군가와 사알짝 눈이 마주쳤는디
누구나 한 번쯤은 지나가야 하는디
어깨만 가볍게 스쳤을 뿐인디
거시기 한 거그에 담은 것이 아침이슬처럼

익숙한 엘리베이터에 퍼진 코를 자극하는 향수 냄새에
심장은 붉게 물들어 왜 이리 터질 것 같은가?
오늘따라 짧은 인사가 심장을 뛰게 하는지
그렇지 않은 일시적 통증인 것 같은디

근디, 고것이 어찌 거그에 들어와 있는지
피하려고 하면 우연이라는 핑계로 눈에 들어오는 고것이
그냥저냥 놔두면 지나가는 벼룩만 한 무게인디
지나가는 가랑비가 그리워 먼 하늘 바라보는 그 날까지

이름이 거시기한 윗집 반려견 순진이도 절대 몰라야 하는
누구도 절대로 몰라야 하는 깊은 거그 익숙한 거시기는
붉은 심장이 터질 것처럼 누구나 하나는 품고 있는디
소리 없이 다가와 좋아하지만 절대 모르는 것인디

관심

마음에도 눈이 있다
과학적으로 증명하기 어려운 감성의 눈이 있다

지금 보이는 것이 전부가 아니다
툭허니, 한 박자 쉬었다가 말을 건네보자

-너가 참 부럽다
-너는 참 좋겠다

가지런히 질서를 유지하고 있는 눈으로
나무와 작은 풀 가족에게
달려가는 시원한 바람과 악수를 하자

여기저기 보는 눈이 있다고
마음의 눈까지 피하려고는 하지 말자

이게 아니지, 싶으면 마음에 눈에
살그머니 관심 없는 듯

보아야 할 곳이 많다
이제 시작이다

고구마를 먹으며

그 누구에게는 추억의 한 장면으로 친숙하다
또, 어떤 이에게는 목숨을 연명하는 밥이다
누군가에게는 먹거리로 여유 있는 심심풀이 간식이다
그렇게 물컹물컹 사원 짭짤 달콤한 동치미 한 사발이다

호박과 자색 고구마가 절친의 손에서 내게 오던 날
또르르 주르르 턱 밑에 흐르는 이름 모를 영농조합법인
농부의 웃음이 가득한 호박고구마 마크에 흐뭇한 미소는
하루의 끝을 살아내는 민초의 한 방울 땀보다 소중한 가족이다

창밖으로 나리는 포근한 눈이 추억의 강이 되는 기나긴 겨울밤이다
가녀린 호롱불과 붉은 화로는 서로를 지키는 따뜻함이 된다
담배 연기 가득 헛기침을 토해내던 아랫목 온기가 따스하다
꺼질 듯 꺼지지 않는 초가집 안방에는 붉은 산수유처럼

밤고구마 냄새만이 넘실대는 밤하늘 초록별되어 춤을 춘다

은혜

기도할 수만 있어도 행복합니다
큰 것을 바라는 것도 아닙니다
그러면서도, 채워지지 않는 것이 있습니다
깊숙이 숨어 있다가 기웃거리는 어설픈 마음처럼

당신이 가신 그 길을 따라가려 합니다
십자가의 사랑과 희생을 기억합니다
바보처럼, 묵상하고 기도하는 일상에 충실합니다
겨자씨처럼 작은 기도만으로도 행복합니다

강건한 믿음은 사랑에 기초해야 합니다
믿음은 누가 뭐래도 말씀 안에서 자라납니다
기도로 준비하며 하나님과 동행하는 삶은 은혜입니다
세상의 고집과 지식이 아닌 성령으로 살겠습니다

기도할 수만 있어도 행복합니다
기도하며 걸어가는 그 길에
저만큼, 꿈과 희망이 넘치길 소망합니다
처음은 미약하나 나중은 창대하리라는 말씀처럼

꽃심

바위가 아파트 담장마다 가지런하다
그 사이로 알 수 없는 짧고 엷은 미소가 만연하다

툭, 툭, 툭, 피어오르는 그들만의 잔치다
알알이 꽃송이 된다

담장을 허무는 붉디붉은 꽃가마다
출렁이는 물결 파장에 흔들린다

저마다의 심장을 던진다
넓디넓은 도화지 채울 걱정 없다

너울너울 꽃이 피어나며 막춤을 춘다
가냘픈 춤사위는 답이 없다

흩날림 가득, 점이 되어 버린 꽃심이다
빠알간 나비 한 마리가 된다

보리밭 가득 너울대는 푸르른 청춘이다

오월의 커피

새벽을 여는 소리가 나지막이 다가온다
오늘도 여전히 줄을 서야만 향기에 젖을 수 있다
이놈의 것이 무어라고 새벽부터
눈을 뜰 때마다 목구멍을 타고 흐르게 한다

다시는 마시지 말아야지 다짐을 한다
그와의 거리두기는 손이 떨리고
다리가 후들거리며
눈동자가 풀리는 아슬아슬한 시간의 연속이다

당뇨가 담배가 그렇듯이 금단이가 무섭다
참다가, 참다가, 결국, 고소한 커피 향을 입안 가득 채운다
이길 수 없다
먹다 죽은 귀신은 때깔도 좋다는 말처럼

100원이던 달콤한 학생회관 앞 자판기
차가운 아스팔트에 퍼질러 앉아, 커피 마시며 부르던 그 노래
아침이슬, 장미 피는 오월이면
독재 타도를 외치며, 두 주먹 하늘 향해 찢어대던 그 날처럼
언제 다시 불러볼 수 있을까?

〈
-아직 다들 살아 있겠지?
-연락도 되지 않고 답답허네?
-에휴?

장미 피는 오월의 뜨거운 태양 아래 마시던
자판기 커피는 그 뜨거움과 함께
먼저 간 친구처럼
그 커피 향을, 많기도 많은, 그 흔한 카페에서
커피 메뉴판을 뒤져봐도 찾을 수 없듯이
기계처럼, 드르륵드르륵 손으로 원두를 간다

구수한 숭늉같이 내린 방울방울 커피 멍울이다
그 마디 마디마다 못다 한 날들이 흐른다
주변은 시끌벅적하고 아직도 새벽은 안개다

마치 로봇이 된 듯, 커피 없인
일분일초도 살 수 없다는 중독자처럼
그렇게 오늘도 여전히 줄을 서야만 한다
새벽을 여는 구수한 냄새가 마약처럼 말초신경을 마비
시킨다

커피 향, 그 향기에 젖기 위해 잘 짜인 프로그램처럼

이별, 그리고 기억 너머

어머니는 백사십팔 센티, 작은 천사였습니다
구십삼 년, 모진 풍파에서도 흔들리지 않으셨습니다
무섭고 피해 갈 수 없는 길을 가셨습니다

요양병원 창밖을 바라보며, 얼마나 가족의 온기를 그리워했을까요
십 년을 훌쩍 넘긴 여행길, 짐작하기도 어렵습니다
어쩌다 한 번, 다녀가는 못난 자식을 잊지 않으셨습니다

바쁘다는 핑계 아닌 이유가 많기도 했습니다
그래서 어머니를 어쩌다가, 가끔, 뵈러 요양병원에 들렀습니다

그때마다, 전주, 그래, 셋째 아들을 외치며 안아 주셨습니다

아직도, 두 손 잡아 주시던, 당신의 체온이 남아 있습니다

어머니는 부잣집 귀한 소녀로 태어나, 일제강점기를 사셨습니다
어린 나이에, 가난한 아버지 만나 고생보따리만 늘어 갔습니다
다시 올 수 없는, 하늘나라 가는 그 소천의 길이 편안하셨으면 좋겠습니다
호강 한 번 못 해보시고, 떠난 그 길에 속상함이 없기를 기도합니다

평생 꽃 한 다발, 안기지 못한 못난 자식입니다
항상 웃음으로, 너그러움으로, 반기는 당신이 있습니다
쉰여섯, 행복이 가득 차고 넘쳤습니다

망울망울 꽃망울, 활짝 웃음 넘치는 그 길에서
아버지를 만나 행복하길 기도합니다
꽃 속의 꽃은, 누가 뭐래도 어머니입니다

그 꽃을 모두 아우르는 세 글자는 위대합니다
발그레 웃으며, 셋째 아들 손잡으시던 엄니,
이제 가면 언제 오시렵니까

〈

 하늘나라 떠나는 뒷모습만이 가슴을 후벼 팝니다
 있는 듯 없는 듯, 그렇게 살겠습니다
 당신이 편히 주무실 수 있도록 하겠습니다

 걱정 없이 살아 낸 어머니를 기억하겠습니다
 부족하지만, 눈물바다는 이제 그만하겠습니다
 소리 없이, 그렇지만 약하지 않은, 셋째 아들로 살아가겠습니다

 부끄럽지 않은 삶의 여정을, 어머니의 그 길을 따라 걸어가렵니다
 어머니처럼만 살고 싶습니다

만추가경(晩秋佳景)

누구에게나
사랑하다가 죽어버릴 것 같은
그런 날이 있다

아무 것도 아닌 것 같은데
심장이 마구마구 벌렁거려
사랑하다가 죽어버릴 것 같다

어쩌자고 이렇게 예쁘단 말인가
어쩌자고 내 심장을
가을가을하게 만들어 버리는 것인가

〈

죽기 전에
심장이 멈추기 전에
수확을 기다리는 곡식을 반이라도 닮아야 할텐데

이유 없이 딸꾹질은 멈추지 않고
침만 꼴딱꼴딱 삼키며
틈을 찾아보지만

눈에 들어오는 건
아무 것도 아닌 것 같지만
어쩌자고 저렇게 예쁜지 입이 다물어지지 않는다

정말, 이러다가, 사랑하다가
아무 것도 아닌 것 같은데
심장이 마구마구 벌렁거려 사랑하다가
죽어버릴 것 같다

누구에게나
사랑하다가 죽어버릴 것 같은
그런 날이 있다

가을의 회상

초록의 물감 품은 높푸른 가을 하늘
카메라 렌즈 속 구름 동산 꽃무늬
수놓은 솜사탕 향연 바람도 머물 듯
추억의 한 페이지로 서성이지

길섶의 들꽃 한 송이 길손에게 반갑다
바람 품어 흔들흔들 미소 짓고
비녀 꽂아 곱게 가르마 탄 황금 벼 이삭
금가루 뒤집어쓴 머리 축 늘어트리고

나뭇가지 징검다리 탱고리듬 춤추듯
뱁새 싸리나무 군무지어 튕겨 오르고
기름진 두상 두툼한 암갈색 목젖엔
풍요의 지저귐 행복의 합창이다

민낯의 태양 부끄럽듯 구름 뒤 숨고
갈 햇살 밀어낸 어둠 켜켜이 쌓으면
보름달 창가에 휘영청 불 밝힐 적
별빛 담아 그리운 임께 안부 전하지

이도수야

하늘 한번 올려다본다
SNS로 달려온 40년 황소걸음 나이테만 한 가득이다
자음+모음+쉼표+물음표 하나 합해서 대충 스무 글자다
혹시, 내 친구 버미 아니니? 부끄러워 삐죽 고개를 내민다

냅다 급한 승질 통화버튼 클릭한다

-내다 도수야! 니, 이도수 맞제?
-중학교 절친 청성 이도수? 맞나?
-니는 청산 버미, 맞다

-내 이도수 청성, 버미 니 친구 이도수다
-넘, 오랜만이네 친구
-보고싶고 소식이 그리웠네
-나도 그러이

파노라마에 펼친 시커먼 두 아이는 누가 볼까봐
허겁지겁 우겨 넣던 도시락만 가득 가득하다
까마득한 어느 골목길에 그립고 보고파 곰삭은 불알친구다
개미 눈물만큼 막걸리 한 사발 되어

홀로 많은 세월에 끌려가다 보니
허리가 휘어지고 등짝은 구부러지니 눈마저 어두침침하다
울렁대는 까까머리 시절, 투닥투닥 김칫국물 흘러가며 먹던

그 도시락 속엔,
혼돈의 운동장 소리 없이 걸어주던 추억마저 탁탁 휘저어 버린다
인자, 보름달 가득 차면
켜켜이 쌓인 이야기보따리 풀어보세나 이도수야

송글송글 탱탱탱 포도알은 알알이 익어가면
아련한 청산 땅 청성고을 추억의 파노라마가 펼쳐진다

어지럽게 피어난 그리움만

아버지는 빨간 씨앗, 한 말을 들고 마루를 오르며
큰소리로 삼 형제를 안방으로 불러 모았다
얼굴 가득, 그렇게 웃음이 가득한 모습은
처음이라 얼떨떨할 때 고개를 숙이고 열매를 바라본다

달달한 목소리에 귀가 놀라고, 삼 년이면 집안을 일으켜 세운다는
정체는 죽은 사람도 살려낸다던, 한 번도 눈으로 확인한 적이 없다
알알이 튼실한 건강 지킴이는, 한 주먹 아버지 손바닥을 누비며 높은 천장 위로

희망을 잉태하고 아무리 바라보고 바라보아도, 믿음이 가지 않는 만병통치약이다

　　파란 잎사귀와 드문드문 보이는 튼실한 삼 뿌리를 확인하며 거닐던 고랑에는
　　서늘한 옷자락이 마를 줄 모르던 당신의 웃음만이 가득하다
　　철없이 지저귀던 까치는 오늘도 개구리 잡으러 다시 왔다
　　멧돼지가 놀다간 묏등 위 어지럽게 피어난 토끼풀을 만지작거린다

　　튼실한 뿌리에 주렁주렁 다리를 꼰 인삼마차가
　　수직으로 하늘을 향해 일곱 색깔 무지개로 피어난다
　　흐르는 구름 사이로 다섯 식구 웃음소리에 멍석 깔고 걸친
　　청산 막걸리는 봉분(封墳) 가득 어지럽게 피어난 그리움만 가득하다

■□ 나의 시작(詩作)노트

하여(何如), 슴슴한 디카시에 미치다
― 디카시, 삶의 본질을 꿰뚫어야 한다

1

눈에 보이는 것을 담아두고자 하는 욕망은 누구에게나 있다. 일상에서 정말 순간만이 아닌 그림이나 사진으로 남기고 싶은 장면이 있다. 이러한 욕망의 출발선에는 사진이 있다. 이 사진에 글을 덧붙인 것이 디카 사진시이다. 에세이를 더하면 디카 사진 에세이가 된다.

현대화에 따른 가장 발전을 보인 분야가 카메라가 아닐까 한다. 디지털 시대에 들어서면서 스마트폰을 이용하여 사진을 찍고 저장하는 기술이 지속적으로 발전하고 있다. 사람들은 인지한다. 디카시는 특별한 기술이 없어도 사진기가 좋으면 작가나 시인이 될 수 있다는 자신감이 충만하다.

사진은 일상을 담은 결과물이다. 디카시, 역시 그 시작은 바로 일상이다. 누구에게나 주어지는 자연스러운 일상이다. 더 말하지 않아도 디카는 이제 누구나 누릴 수 있는 매체다.

    그렇다고 디카시에서 이미지만을 중시한다는 것은 아니다. 디카시는 사진 속에 펼쳐진 순간의 이미지를 언어로 표현하는 과정을 거쳐야 비로소 한 편의 시로 생산된다. 짧지만 기발한 언어 표현이 기존의 형식에서 사진을 통해 강력한 메시지를 보여주느냐가 디카시의 성패를 좌우할 수 있다.

2

    시작이 있으면 끝이 있다. 떠오르는 것이 있다면 지는 것이 있다. 좋아하는 일이 있으면 싫어하는 일이 있다. 극과 극을 달리는 팽팽한 대립은 어정쩡한 시간을 허락하기가 쉽지 않다. 사느냐 죽느냐 그것이 문제인 것처럼 만만하지 않다. 이처럼 모순적인 궤적에서 벗어나기는 쉽지 않다.

    핑크빛 수다로 하루를 연다
    목마르다, 목마르다
    성깔 급한 고양이 검은 털이 뒤집힌다

    달콤한 눈빛 머문다
    줄기마다 모락모락

                              – 박여범, 「핑크빛 수다」 전문

검은 고양이 두 마리다. 덩치 큰 녀석이 먼저 눈에 들어 왔다. 눈 한 번 감았다. 작은 구멍을 통해 은근슬쩍 모습을 드러낸다. 이 둘의 관계가 궁금하다. 나름, 잔머리를 옹색하게 굴려 본다. 친구, 가족, 썸, 연인, 부부일까, 아니면, 혹여, 불륜? 생각+생각 더하기에 빠져들어 간다.

카메라에 포착된 순간도 잠시다. 다정하게 황토색 낮은 지붕을 걷는다, 서로를 지긋이 바라본다. 한 폭의 그림이다. 황토(黃土) + 백(白) + 흑(黑)의 어우러짐이 멋지다. 표현할 방법이 없다. 그래서 고민 끝에 정리한 핵심 문장이다. / 핑크빛 수다로 하루를 여는 검은 고양이/ 로 마침표를 찍는다.

녀석들이 걸어가는 그 길을 따라가 보자. 사뿐사뿐 가벼운 발걸음을 옮겨 보자. 담장 너머로 미소 짓는 장미, 파란 하늘, 맑은 공기와 부드러운 햇살에 눈이 부시다. 그 어떤 것도, 그 누구도, 의식하지 말고 나에게 투자하자. 이들이 던지는 핑크빛 수다와 함께 달콤한 눈빛에 머물러 보자.

물 아래 내려온 구름 가족처럼 살고 싶은
그런 자그마한 소망 하나쯤은 있지 않을까

누구에게나

— 박여범,「구름 가족」전문

상상해보자. 비행기에 앉아 창문을 살포시 열어젖힌다. 눈앞에 펼쳐진 세상은 온통 '구름 사탕'이다. 활짝 웃으며, 그가 기다리고 있다. 그런 구름 가족이 석양이 아름다운 도시, 전통과 예술혼이 살아 있는 전주 혁신도시 기지재에 가족 나들이를 왔다. 소리도 소문도 없이 호숫가에 내려앉은 구름 가족이 너무나 반갑고 부러워 한참을 바라본다. 그리고 메모지에 순간적으로 떠오르는 생각을 끄적여 본다.

시인의 감수성은 평범해 보인다. 그렇지만, 이 세 줄의 메모가 가져다주는 효과는 대단하다. 사진과 어우러지는 문장으로 재탄생된 생각을 키워주는 다카시 한 편이다. 그렇게 세상과 발맞추는 가족이 되었다. 단순한 것 같으면서도 복잡한 덩어리가 다카시다.

이처럼, 다카시는 사진이나 사물을 보는 각도에 따라 다양한 문장이 될 수 있다. 제목이나 시행, 비유법의 사용 등 창의적인 사고로 표현할 수 있는 것은 수많은 독자의 몫이다. 그 결과는 같은 사진을 눈에 담고도 개성이 드러나는 수많은 다카시를 써 내려갈 수 있다는 것이다. 반갑고, 그에게 인사를 건넨다. 고맙다. 구름 가족아, 내 곁에 와 줘서,

오메, 까칠한 명자 입술이
요렇게 예뻤당가
으쩐다냐?

나가, 나가 말여, 환장허것어

　　그만 좀 웃으랑께, 살포시 바람처럼 말여
　　어메? 달콤한 꽃술 한 잔에
　　배가 부른디

　　어떡하지, 벌건 대낮에
　　뜀박질하는, 너 땜시

- 박여범,「너 땜시」전문

　어디 가도 꽃이다. 좋은 봄날에 나도 너도 꽃이 된다. 세상에 꽃 아닌 것은 없다. 철쭉이 파랗게 잎을 내보인 것이 어제 같다. 근디, 거기다 덤으로 꽃봉오리가 얼굴을 쑥 내민다. 마치, 입술이 유난히 빨개 놀림을 받던 명자 누나처럼 말이다.

　가난했던 시절 그래도 부유한 집 딸이었던 명자 누나다. 그래서 더 까칠하게 느껴졌는지 모른다. 어디서 지금은 무엇을 하며 사는지? 소식이 궁금할 때가 있다. 이런저런 생각으로 꽃을 만난다. 사진으로 남긴다. 나름 꽃놀이에 빠져들었다. 내 옆에 명자 누나가 서 있다. 살포시 웃으며 말이다.

　　거미줄 너머에 가지런히
　　고개 숙인 지는 연잎을 바라본다

〈

누군가에게는 시작이

또, 어떤 이에게는 끝이

다, 그렇게 다를 수 있다는

아주 단순한 삶의 무게가 부끄러워진다

약속이나 한 듯 가지런히

고개 숙인 연꽃 어르신과 가느다란 눈이 마주친다

첫발을 내딛던 지팡이는 살포시 웃음 지으며

어서 가라 손짓하는 흰머리 연꽃 어르신의 잔잔한 미소다

-이 정도면 잘 살아온 거야

-부디 아름다운 청춘을 헛되이 보내지 말길

-우리 잘 살아온 거 맞는 거지

전해오는 세 문장에

핑 돌아내리는 눈물을 참아내기 어렵다

먼 산 바라보며 떠오르는 태양을 그림자 삼아

손수건만 축축하게 멍든다

      - 박여범,「지는 것들에 대하여」전문

운동이라는 핑계로, 건강이라는 빛 좋은 개살구처럼 자주 걷는 길이 있다. 그 길에는 다양한 사람과 풍경을 만날 수 있다. 사계절에 따라 다양하게 다가오는 눈에 담기는 쓸쓸함으로 다가오는 십이월 중순이다. 그중에서도 찬란한 여름과 가을을 지나 이제는 가야 할 때가 된 연꽃 가족이다.

나의 현실이 될 풍경이 정겹다. 은근 기다려지기까지 한다. 받아들이는 자세에 따라 삶은 희망도 불행도 될 수 있다. 돌아다보는 성숙한 사랑을 쌓아가자. 그리고 세상이 허락하는 한 사랑하고 함께하자. 소중한 것과 이별하는 그 날, 울지 말고 웃으며 보낼 수 있기를 기대해본다.

3

『하여(何如), 슴슴한 디카시에 미치다』는 문장마다 삶의 궤적을 뚫으려 노력하였다. 디카시가 문명의 최고점에 다다른 현대를 보여주는 하나의 장르로 자리 잡았다. 사진작가는 물론 글깨나 쓴다는 민초들이 모두 디카시에 빠져 있다고 해도 과언이 아닐 듯하다.

디카시는 일상화된 사물을 관찰하는 시인의 눈을 중시할 수밖에 없다. 일상적인 것이 시적인 것으로 변주되는 순간을 디카시는 정확하게 보여주고 있다. 일상으로부터 생성되는 이러한 힘이 어떻게 보면 디카시의 미래를 결정하는 중요한 기준인지도 모르겠다.

시를 읽는 이들이 점점 사라지는 이 시대에 살고 있다. 그렇다면 새로운 세계인 디카시는 어떤 의미로 다가올까? 그것은 시를 쓰고 읽는 일이 무엇인지 묻는 것과 같다. 영상문화의 화려함에 익숙한 현대인들에게 디카시는 문화의 이면을 들여다보게 하는 인문학적 힘이다.

다양한 소재의 사진이 누군가에 의해 담긴다. 생명 가득한 디카시가 발표되길 기대해 본다.

- 웹진시산맥(https://blog.naver.com/kfbmoon)
- 시산맥 카페(https://cafe.daum.net/poemmtss)
- 한국디카시인협회(http://kdicapoet.com)
- 한국디카시연구소(http://www.dicapoem.net)
- 디카시 마니아(https://cafe.daum.net/dicapoetry)
- 박주영 시인의 풀향기글방(https://blog.naver.com/usbjy)
- 박여범 시인의 브런치(https://brunch.co.kr/@brunchpyg5)
- 박여범 시인의 카페

  (https://cafe.daum.net/alschdmlgkduelzktlak)
- 현대시문학(https://cafe.naver.com/koreanpoetry)
- 서울시인협회(https://cafe.naver.com/ohmysee)
- 시와 편견 & 한국디카시학(https://cafe.daum.net/poem1188)
- 한국사진문학협회(https://cafe.naver.com/dicapoem)
- 시인뉴스 포엠(http://www.poetnews.kr)
- 시인투데이(http://www.poet.today)
- 전북문인협회(https://cafe.daum.net/21pen)